Piața Aurarilor

T0151957

GOLDSMITH
Piața Aurarilor
MARKET

poems by Liliana Ursu
translated from the Romanian
by Sean Cotter

ZEPHYR PRESS ∼ BROOKLINE MA

Copyright © 2003 by Liliana Ursu
Translation and Translator's Preface
Copyright © 2003 by Sean Cotter
All rights reserved.

Originally published as *Piaţa Aurarilor*, Liliana Ursu.
Bucharest: Editura Cartea Românească, 1980.

The translator thanks the Massachusetts Review, New Currents,
and Beacons for the previous publication of some of these poems.

Cover image is of a rug woven in Sibiu, Romania.

Photographs of Goldsmiths' Market
(Piaţa Aurarilor) and the back cover photograph
of the author taken in Sibiu by Sean Cotter.

Book design by *typeslowly*
Text set in Adobe Caslon and Minion
Printed in the USA by Phoenix Color

Zephyr Press acknowledges with gratitude the financial support
of Charles Merrill and the Massachusetts Cultural Council.

MASSACHUSETTS CULTURAL COUNCIL

Library of Congress Control Number: 2003111574

07 06 05 04 03   98765432 first edition

ZEPHYR PRESS
50 Kenwood Street
Brookline, MA 02446
www.zephyrpress.org

TABLE OF CONTENTS

False peisaje ✧ *False Landscapes*

Piaţa Aurarilor ❧ Goldsmith Market

TRANSLATOR'S PREFACE

Piața Aurarilor was published first on November 22, 1980, in Bucharest, on "Strada Fabrica de chibrituri" ("Matchstick Factory Street"). The cover of the Romanian *Goldsmith Market* is composed of black lettering framed in a white square, printed on gold paper. The gold shimmers in the light, as though the paper has caught some spark from the matches made on that street. The gold paper is delicate; to keep the shine from rubbing off, the books were packed with sheets of newspaper between each copy. The paper absorbed the newsprint, recording these stories—legible, in reverse—as a background to the title. This paper turns the cover into a mirror that collects, rather than reflects, what passes before it. In this way, the cover resembles the mirrors that fill Ursu's poems, mirrors that hold the world in a jeweled frame. Ursu's book is a collection of collecting mirrors, poems that transmute her experiences into precious objects. The goldsmiths of the title are an image of the poet, flattening sheets of gold into sheets of paper.

The three sections of this book all center on Sibiu, a city in the middle of Romania, in the crook of the Carpathians, Ursu's birthplace and the home of the actual Goldsmith Market. The city still shows the presence of its medieval Saxon founders, with walls, gardens, and passages climbing up and down its hills, with twisting staircases and wrought-iron bridges. Sibiu gave refuge to Romanian writers during World War II, when northwestern Transylvania was ceded to Germany, and the British and Americans were bombing oil fields in the south of the country. Poets, critics, and prose writers collected in Goldsmith Market, a small, open space formed by the intersection of two narrow roads and a staircase in one corner.

Here they could hear the faint organ of the Lutheran church, the tapping of jewelers' hammers, and the drone of bombers flying toward Ploieşti. In Ursu's book, this market is not only a personal corner of the city, and a metaphor for those who craft poetry like gold, but also a mirror collecting landscapes beyond the city: medieval Wallachia, Cavafy's Alexandria, and Sappho's Greece. The book is steeped in the particular city and in the longing to visit places known only through their reflections.

I visited Romania in 1998, during a murderously hot Bucharest summer. Ursu gave me a copy of *Piaţa Aurarilor*, which I keep wrapped in tracing paper. The newsprint stories have long since rubbed off the cover, but my copy contains Ursu's dedication on the title page. The dedication was written on the roof of the Romanian radio building, in a café where we looked over waves of heat rising from grey and dusty buildings (as we can read in "To the Tower," Ursu has worked for many years in television and radio). It offers the book "to Sean, this market of goldsmiths from Sibiu and from Dallas, for his poems in the mirror." The two markets mirror each other, over the distance between Romania and America, each one a part of the other. The dedication looks toward the day when the book will attract English translations onto its cover, when they will become, like the newspaper articles, a part of the Romanian book. The English *Goldsmith Market* is itself a collection of mirrored poems, the original and the translation reflecting each other on facing pages. The translation is not the precise reverse of the original, rather it works as though it were a sheet of gold, absorbing the Romanian into an English artistic form.

Ursu's poetry creates a particularly complex series of reflections. She is one of Romania's most active translators of English, and she has a deep appreciation of American

Modernist writers, especially Ezra Pound (the subject of "In the Fjord, in Bloom"). We can see his influence in her use of historical material, especially "The Hunting Lesson," and in an ironic yet grave tone that occasionally passes over her work. To translate these poems into English is the reflection of a reflection. This context not only led my translations toward a Modernist essentialization ("It will snow soon," the last line of "Scene with Poet," became, "Snow, soon"), but also guided me toward less literal versions. To highlight the Modernism in the first two lines of "Camera de hotel," for example, requires some re-wording. Rather than letting "Hotel Room" follow only the words, "Cum pâlpâie lumina pe trupul palid/ în odaia de o noapte!" "How light caresses the palid body/ in the room of a night," the original poem's reference to "Prufrock" causes new words to be introduced in the translation: "How light lies on a pale body/ in a one-night cheap hotel room...." In "From the Secret History of the Astronomers," I had trouble rendering, "o frunză se răsfață pe luneta cea mai puternică," "a leaf pampers itself on the most powerful telescope." The Romanian verb suggests a leaf like a cat enjoying the sunlight, a sense unavailable to the English word. This problem opened a space for Pound, mentioned in the poem's fourth line, to suggest "a wet leaf clings to his most powerful telescope." This word does not communicate "se răsfață" better than "pampers," but since no word could, the space is put to good use catching a glimmer of "Liu Ch'e." It is as though the English is welcoming the poems home.

After translating the poems from Romanian to English, I took the manuscript from America to Romania, back to their geographical home, and Ursu and I discussed the book. She read the translation and offered suggestions for certain passages (and corrections in others). Ursu was not entranced by my last line for "Rain, and from the Fjords Comes the Scent of Blackberries": "In the wax of this candle we hear bees dying." She read out the Romanian line, "Și-n aceastei lumânări se aud albinele cum mor," striking the air on the repeated sounds ("aceastei—se—ele," "a—aud—alb") and drawing out the open last sound: "*morrrrrrrrrr...!* THAT is poetry," she said. I revised the line to include more alliteration and assonance: "In the wax of a candle we hear the crackle of wasps as they die." (For a similar reason, I did not translate the title of the book as plural, as it is in Romanian, "Goldsmiths' Market," to avoid the awkward sound, "...Smith Smarket.") For the ambiguous "EA," "SHE" in "Mirror Games," Ursu suggested "Sister Death." (In the collection *The Sky behind the Forest*, a beautiful version—by Ursu, Adam Sorkin, and Tess Gallagher—calls "EA," "the muse.") In "Snapshot," the first stanza ends, "And then, isn't your memory now/ the longest attic and most full of surprises?" We discussed ways to make this idea concrete: I suggested "mothballs" and "photos," things that might fill an attic, and Ursu thought of the surprise: "letters from America." We both liked the idea that these poems, returning from America, would bear letters; that the connections with America, stored in the attic of the book's past, would become literal in the translation.

Another leaf in "From the Secret History of the Astronomers," "cools my forehead, and years." Ursu suggested writing, "my thirty years," her age at the time she wrote *Piața Aurarilor* (and, in another moment of mirroring, my age when I translated the book). The poems in *Goldsmith Market* are filled with details of Ursu's life in Romania—the hunter with pelts over his shoulder, the small-town photographer, young loves, the girl selling cherries on a railway platform. It is fitting that this book, so bound up with Ursu's childhood and life as a poet, should be the first complete translation of one of her books, presenting all the poems in the order they appeared in

Romanian. The English translation is a part of the Romanian book—that is, it brings to light the relationship to English that the Romanian book already has. The book resembles Ursu's family car, christened "Amerigo," a reflection of the new world, pacing the streets of Sibiu. On the back cover of this translation, Ursu is standing at the foot of a medieval rampart, on top of which is the hospital where she was born. I took the picture of Liliana, the poet-translator, looking at the person who had taken her poems into English, who traveled with them back to Sibiu, and who would take them back to America. Through these reflections, unavoidable in that city, Sibiu collects us into its passages and staircases, its churches and its markets.

—*Sean Cotter*
Ann Arbor, Michigan

PORTRET

Să nu vă înșele buzele roșii,
Sau frăgezimea zâmbetului.
Negrul, neantul pândesc în spatele lor.
„Plecată slugă, îngerul dumneavoastră!
Doamnelor, Domnilor,
Poemul meu nu vă sugrumă
Nu vă suge sângele.
Primiți-l în casele voastre, pentru dumnezeu!
Dezmierdați-vă inimile cu gândul
Împăcării dinitre minte și trup."
(Două păsări căsăpite sub geam
Și pașii umbrei tot mai aproape)
Visam palmieri și delfini,
De ce m-ați trezit?

PORTRAIT

Don't let the red lips fool you
or the delicate smile.
Only darkness hangs behind them, only the void.
"Ladies and Gentlemen!
I am the angel, your humble servant.
My poem will not strangle you
It will not suck your blood.
Let it into your homes, for god's sake!
Caress your hearts with the promise
of a truce between mind and body."
(Two butchered birds under the window
and the footsteps of shadows still closer)
I was dreaming of palm trees and dolphins

Why did you wake me?

POVESTIRE ÎN OGLINDĂ

Vei crede că e zi, că-i vorba doar de frenezia măruntului
                                                cuvânt fericire
și ceața care ne ascunde ținutul morilor și al bufniței
e chiar adevărată.
Palmele acestea acoperindu-ți cu dragoste ochii le vei
                                                confunda
cu eșarfa de mătase a zeului când își orbește muritorii,
                        gătindu-i pentru țeluri mai înalte.
Oho, câte cuvinte mari deja! Hai să le scurtăm cu câteva
                                    întâmplări banale.
Vei crede, dar cine mai știe ce vei mai crede atâta timp
cât inima stă să-ți plesnească de iubire.

Fragii s-au copt pe pământul unde ai călcat
ultima oară!

STORY IN THE MIRROR

You will think it is still light, that we are only talking
about the frenzy of that little word "happiness"
You will think this fog hiding the land of owls and windmills
is real.
You will mistake these hands covering your eyes with love
for the silk scarf a god uses to blind the mortals,
vesting them for higher planes.
Oh my, so profound already! Let's finish with something shallow.
You will believe, who knows what you will believe,
just so long as love bursts through your heart.

Wild strawberries bake in the heat of your footprints!

FAȚĂ ÎN FAȚĂ CU REALITATEA

În primul rând voi mai lua o gură de ceai,
aroma cimbrului ca o adiere a verii pe mâinile reci.
Prin geam mă privește o vrabie zgribulită;
cuvintele aidoma ei, în straturile superioare ale memoriei.

Ce culoare au ochii tăi? m-a întrebat orbul din colțul străzii
într-o seară provincială, inexistentă.
Chiar, ce culoare au ochii mei?
Dar ochii lui Homer când privea spre Elada?
„Când slăvitul viteaz și-a lăsat lângă mal lancea lui cea lungă
sprijinită de trunchiul unui tamarisc."

O lume poate începe la rădăcina unui copac sau unui cuvânt,
a chioșcului cu limonade transparente
sau chiar din umilul gest al funcționarului care
                         ștampilează conștiincios scrisorile,
fixând data, culoarea, mirosul unei zile.

FACE TO FACE WITH REALITY

First, I will sip some tea,
the vapor of thyme like a breath of Spring over cold hands.
A trembling sparrow looks at me through the window;
words that fit her, in the upper strata of memory.

What color are your eyes? a blind man asked me
one provincial, inexistent night.
What color are my eyes, exactly?
And Homer's eyes, searching for Hellas?
"And the god-sprung hero left his spear on the bank,
propped on tamarisks..."

A world can begin with the root of a tree, with a syllable,
                              or a lemonade stand
with the humble gesture of the clerk who conscientiously stamps
                              our letters,
fixing the date, the color, and scent of a day.

O ZI DE IARNĂ

M-am aplecat să beau. În fântână firul de apă abia respira
și lângă țeava ruginită cuibul de iarbă atât de tânăr
și fraged sub cupola groasă de gheață!
Șuierul trenului departe, în vale, s-a suprapus
pe senzația de frig și fierbinte din gură.
Moartea, poate la fel, pe orice clipă a vieții.

O zi de iarnă, o zi de vară: același suflet,
aceleași cuvinte, aceleași obiecte de numit;
numai fâlfâitul rațelor sălbatice deasupra râului verde
le separă.

A DAY IN WINTER

I lean over the well to drink.
The ribbon of water barely breathes
but below the rusted pipe, a grass nest is so young
and fragile under a thick crust of ice.
The whistle of a train passing through a distant valley
slides over my cold, boiling mouth. Like this maybe
Death, over every moment of life.

A day in winter, a day in summer: same soul
same words, same list of things;
only wild ducks fluttering over the frozen green river
keeps them apart.

VIEUX JEU

Câtă trudă în firul de usturoi
pentru izbânda puținului fruct!
Clorofila muncind la fel ca pentru un trandafir.
Fata în blugi îți surâde, sprijinită de motocicletă
Să o inviți la cinema?
Vieux jeu, ma brune!
Sau mai bine să-ți vezi de straturile tale de usturoi;
(Allium sativum suna mai frumos)
Și apoi nici nu se termină bine un adevăr
și începe o minciună.

Ce-ai zice de o bere?
Hei, berea se toarnă de sus!
Să facă spumă, cât mai multă spumă.
Dar viața noastră? Sclifosită și cu guler tare,
căznindu-se să facă spumă, cât mai multă spumă.
„Mult zgomot pentru nimic"
Ce liniștit trebuie să pescuiască Will acolo sus,
printre nori!

Poate ar fi mai bine să mă las de grădinărit.
Chioșcul verde al bătrânului ce vinde vată de zahăr
e mult mai tentant, nu-i așa?
Chiar iluzia acelui fulg înmulțit la infinit,
până faci riduri,
nu-i o eroare mai frumoasă?
Merită să-i vezi pe copii, mereu alții,
așteptându-și rândul la un nor îndulcit.

VIEUX JEU

So much effort in a stem of garlic
for so little fruit.
Chlorophyll works just as hard for roses.
The girl in jeans, leaning against her motorcycle,
smiles at you.
Should you chat her up?
Vieux jeu, ma brune!
Might be better if you stuck to your garlic patch
(*Allium sativum* sounds better)
A truth has just been uttered when a lie begins.

How bout a beer?
Oh—hold the bottle high!
A big head, as much foam as possible.
And our lives? Finicky, starched collar
falling down foamy, as much foam as possible.
"Much ado about nothing"
Peaceful Bill fishing up there,
in the clouds!

Maybe I'd better give up gardening.
The green shop where an old man sells cotton candy
Isn't that a temptation?
The illusion of that feather multiplied to infinity,
until the lines show on your face,
isn't that a more beautiful mistake?
It's worth it to see the new children
take their places
waiting in line for a sugar cloud.

EŞANTION

Tictacul monoton al ceasului care-mi arată
cum mă scufund în zăpezi,
luciul stins al mobilelor când nu eşti aici
şi cartea deschisă la insula aceea cu nume ciudat
de unde vin neguţătorii de tămâie şi mirt,
iată eşantionul unei zile de iarnă
la care s-ar mai putea adăuga:
        ţăcănitul maşinii de scris;
    ce surd izbesc cuvintele
în fragilele făpturi ale degetelor,
sau oboseala ochilor urmărind de aproape
creşterea neagră a poemului.

SAMPLE

In the monotonous tick of the clock
me drowning in confusion,
the snuffed light of furniture
when you are gone,
a book open to the island with a strange name
birthplace of incense merchants.
This sample winter day
to which we may add:
                    the typewriter tapping
              words rushing forth deaf
         from fragile fingers
      the strain of eyes following
the black growth of a poem.

POEM PENTRU O FRUNZĂ CE-A PRINS RĂDĂCINI

E ora 4 și frunza din pahar a prins rădăcină
confundând sărăcăcioasa apă cu pământul.
Meticulos pălărierul perie fetrul, știi, căldura lui neagră
seamănă cu pielea ta după dragoste.
De ce tresari?
Pădurea aceea c acum atât de departe
și calul de pe care m-ai coborât
prinzându-mă ușor de subțiori,
abia atingându-mi sângele.
Oho, ce frântură de viață!
De ce tresari?
Calul acela l-au împușcat de mult
și apoi nici casa cu o mie de acvarii nu mai este,
nici mesele lungi de stejar răsfățate cu bucate,
flori și lăutari.
Singurul care și le mai amintește pe toate
e bătrânul morar.

Cu cireașa lupului sub cămașa răcoroasă de in
cobor din taxi.
Ce frumos nume pentru mătrăguna culeasă de sora mea,
sora mea care mai viețuiește încă
la marginea acelei păduri cu zile ucigașe.

POEM FOR A LEAF THAT SPROUTED ROOTS

It's 4 o'clock
the leaf has taken the glass of sugar water
for earth, and sprouted roots.
The meticulous hat-maker combs his felt:
a black heat
like your skin after making love.

Why did you shudder?
The forest is so far away now
where you helped me off the horse
taking me gently under the arms
just brushing my blood.

Oh, what a slice of life!
Why did you shudder?

They shot that horse long ago,
and the house with a thousand aquariums is gone,
gone too the long oak tables lavished with food
and flowers and fiddlers.
Only the elderly miller remembers.

I exit the taxi
a wolf's cherry under my linen shirt.
What a beautiful name for the belladonna my sister picked,
my sister who still lives
so in love
on the edge of that forest of murderous days.

CIRCUIT

Odată dezgropat din pământ pieptenul se destramă
și cu el o lume moare a doua oară.
La fel peștii adâncurilor când soarele îi vede
se spulberă într-un nor de aur.
Sau praful de pe bocancii soldaților,
câmpul și liziera pădurii
care pătrund în oraș cu seara odată,
cu trupurile lor năucite de primăvară
și cartușierele goale.

Dar praful cosmic care mă însoțește zilnic?
Particule nevăzute zidite în memorie,
în cuvinte.

Acum doar tu și poemul, față în față
privindu-vă în ochi de foarte aproape,
ca într-o luptă corp la corp
în care prețul e totdeauna viața.

CIRCUIT

Once unearthed, the comb disintegrates
and with it a world dies
for the second time today.
When a sunbeam strikes fish in the water's depths
they shatter into a golden cloud.
Or the dust from boots of marching soldiers,
the skirts of the forest, the field,
that enter the city with evening
in bodies giddy with Spring
and shell casings.

And the cosmic dust, with me always?
Unseen particles walled into my memory
into words like bricks.

Only you and the poem, now
face to face, staring you in the eyes,
almost touching you
two bodies wrestling
and your life the prize.

JOCUL OGLINZILOR

Uneori te ascunzi,
cum te-ai ascunde după o taină înfricoşătoare.

Morişca inimii învântită de a cui suflare?
Şi ele la pândă, strigătele înhămate la marile care
ale realității.
Şi cuvintele, cordon ombilical înfăşurat
pe întâmplări trăite sau numai visate.

O clipă durează măcelul interior,
cât îi întorci pianistului foaia,
cât îl vezi pe poştaş prin geamul aburit.

O clipă să-mi umplu stiloul, să-mi aprind țigara!

Şi sângele cum năvăleşte în viață odată cu noul născut!

Si Premiul Nobel decernat în aceeaşi clipă încăpătoare
poetului octogenar; apărându-si ochii de lumina reflectoarelor
urcă pe podiumul care miroase încă
a pădure tânără şi răşină.
„Aşa, maestre, trageți adânc aerul în piept!
Încă un pas, semnați aici!"
Abia mai vede să mai scrie şi apoi nici EA nu-i dă pace:
mereu aplecată peste umărul lui,
îi vede umbra lacomă pe foaia de hârtie.
Țigara ți-a ars degetele.
Un foşnet trece prin ierbar, un murmur.
Mâine-i echinocțiul de primăvară,
va trebui să mai semăn un strat de izmă.

MIRROR GAMES

Sometimes you hide
as if you are in the dark
behind a mystery.

Whose breath turns the weather vane of your heart?
These watchdog screams are harnessed to the long sleds
of reality. Words like umbilical cords
are wrapped around what I've lived or only dreamed.

A moment for the interior massacre,
a pianist turns his page,
you glimpse the postman through frosted glass.

A moment to fill my pen, to light a cigarette

for a newborn to rush into the world on a river of blood

In this commodious moment, the ancient poet
receives the Nobel Prize.
Shielding his eyes in the floodlights
he climbs the wooden stage that still
smells of the resinous, young forest.
"There you go, maestro, breathe deeply! One more step, sign here."
He's practically blind. These days no one leaves him alone
not even his Sister Death, always squatting on his shoulder.
He sees her greedy shadow over every page.
The cigarette burned his fingers.
A rustle in the grass, a mumbled word.
Tomorrow, the spring equinox,
he will have to hoe the bed of mint.

OCHIUL LUI LYNCEUS

Te trezești și-n loc să-ți faci rondul diurn,
să cotrobăiești prin acest bazar necesar,
realitatea cea mult iubită și înjurată,
iei o carte sau te inițiezi în marea știință
a călătoriei prin nervurile unei frunze.
Prin merele din geam, vitralii aurii,
lumina ți se insinuează în sânge.
Aici nimeni nu te știe. Nici iubitul,
nici toamna asta nevrotică,
nici vânzătoarea de pește,
nici măcar oglinda în care scazi
în ochii tăi și chiar în centimetri.

Treci pe lângă atâtea case, atâtea trenuri,
atâtea existențe despre care nu știi mare lucru.
Poate o senzație sau două, o durere reumatică,
o mică criză interioară ne adună peritiru o clipă,
ne egalează pulsurile.
Altfel orice asemănare
e cu totul întâmplătoare și nesemnificativă.

Voi coborâ pe cărarea dinspre a 11-a cascadă,
acolo cel puțin voi fi singur!

THE EYE OF LYNCEUS

You wake, but instead of your daily trip
rummaging in this bazaar
our much abused and beloved reality,
you open a book, or brave the great science
of tracing the veins of a leaf.
Light winds between the apples in the window,
through golden stained glass, and into your blood.
No one knows you here. Not your lover,
not this neurotic season, not the fishmonger,
not even the mirror that cuts you down,
completely.

You pass so many houses, so many trains,
so much you don't know much about.
Maybe a sensation or two, a rheumatic ache,
a tiny interior crisis brings us together for a moment
synchronizes our pulses.
Otherwise any resemblance is purely coincidental
and meaningless.

A kingdom for a street
toward a valley
a waterfall.

INSTANTANEU DIN SUBTERANĂ

În camera micuță din debarcader trăiește debarasorul.
În sticle de pepsi el crește violete de Parma
iar din barca fără vâsle a improvizat un stup.
În fiecare seară pleacă grăbit
să o aștepte pe balerina
care acum vinde bilete
pentru oglinzile „ce deformează asemeni vieții",
cum oftează ea pe când își potrivește ceasul
și-și mai face un ceai de alior.

„Domnule debarasor, domnule debarasor!"
șuieră vântul plictisit prin părul lui puțin,
„N-aveți o țigară?"

A MOMENT BELOW GROUND

The busboy lives in a tight room near the docks
He grows Parma violets in Pepsi bottles,
he's improvised a beehive from a boat without oars.
Every evening he rushes off
to wait for a ballerina.
She sells tickets for the fun-house mirrors
Just so life twists our bodies.
She looks at her watch, sighs,
and fills the pot for another chamomile tea.

"Boy! Boy!" a breeze whistles in his thin hair,
"Do you have a cigarette?"

ÎN ZORI

În dimineața aurie te întorci zgribulit.
Unde-s focurile verzi jucând deasupra comorilor,
ba nu, luminând un chip de mult iubit?

Un alt cerc al infernului — restaurantul gării —
unde te oprești să mănânci.
Cearcănul tău întunecându-se în vecinătatea trenurilor.

Te întorci, mereu te întorci undeva,
pe când cariul iubirii încet dar sigur lucrează în carnea ta.

Peste pasarelă, deasupra plecărilor, deasupra sosirilor,
un stol de rândunele străfulgeră cerul.

DAYBREAK

Trembling you return in the gilded morning.
Where are the green flames dancing over hidden treasure,
                                                  or rather
lighting a face you once loved?

You stop to eat in another circle of Hell:
the train station café.
The closer you go to the trains, the deeper
your eyes sink into their dark rings.

You return, you always return somewhere
the moment when love begins to burrow slowly, surely
like an insect eating through your flesh.

Over the platforms, in the dawn
above arrivals and departures,
a flock of swallows flashes through the sky.

POPAS

Zăpada scârțâia sub pașii bătrânului.
Se opri o clipă să-și tragă suflarea
și câinele se așeză respectuos în spatele lui.
Aburii lor înfloreau aerul aspru,
când bătrânul își ridică ochii spre cer:
pe firele de înaltă tensiune cânta o pasăre.

A STOP

Snow crunched under the old man's feet.
He stopped to catch his breath
respectfully his dog sat down behind him.
Snowflakes bloomed about them in brittle air.

The old man raised his eyes toward the sky:
on the high-tension wires, a bird sang.

CAMERA DE HOTEL

Cum pâlpâie lumina pe trupul palid
în odaia de o noapte!
Poemul neterminat pe scaunul rupt,
cartea deschisă la „Viețile fenicienilor"
și somniferul dizolvat în pahar.
Interior disperat s-ar putea numi acest eșantion de viață,
dar aici nu mai locuiește nimeni de mult.

Cu puțină bunăvoință ți-ai putea aminti acum
gleznele atinse de păstrăvi în apele repezi
sau pădurea ca o flotă imperială,
cucerind pe rând toate mările lumii.

Și totuși
Cum ai putea îmblânzi acești pereți
Sau feriga din fereastră?

HOTEL ROOM

How light lies on a pale body
in a one-night cheap hotel room...
An unfinished poem on a broken chair,
Lives of the Phoenicians spread open,
a sleeping pill blurs at the bottom of a glass.

"Hopeless Interior," you could call this stage of life,
it has been a while, though, since anyone lived in this room.

With a little effort, you could remember
trout bumping against your ankles
in cold, quick water
or the forest floating like an imperial navy
conquering one by one all the seas of the world.

But still,
how would you tame these walls
or the violent fern in the window?

CEA MAI FRUMOASĂ SIRENĂ

Pescarii abia mai trăgeau năvoadele
și marea era acum o iapă sălbăticită,
veșnic depăntându-se.

Dimineața și-au pus merindea în sacii sărați
și s-au închinat. Apoi au pornit în larg.
Soarele începea să înroșească spinările delfinilor
când au înțeles că moartea-i cea mai frumoasă sirenă...

THE MOST BEGUILING SIREN

The fishermen could barely pull in their nets
and the sea was a wild mare
forever pulling away from their boats.

Morning, they stowed their rations
in salted sacks, crossed themselves,
and set out to sea again.
The sun burned dolphins' backs
before they understood:
death is the most beguiling siren.

INSTANTANEU

În pod nu mai urci de mult.
Nici scara dintr-un brad nu te mai îmbie
(acela din fața geamului căruia aici în câmpie
nu i-a mers prea bine și începuse
să se usuce).
Și apoi memoria ta nu e acum
cel mai întins și mai plin de surprize pod?

În puțina lumină a felinarului descifrezi râul,
nu, mai mult îl presimți.
Picioarele te poartă prin lanul de mușețel,
sub talpa goală o încrengătură aspră
și căldura materiei pentru o clipă atinsă și spulberată:
un cuib. Prea târziu să te mai întorci,
viața și-a luat zborul și de aici
iar poteca are acum o istorie târzie, de noapte,
o cruzime involuntară. Atât.

SNAPSHOT

For a long time now, you do not go in the attic.
The ladder does not tempt you
nor the steps you nailed into the tree
(you can see the fir from the window,
not doing so well, starting to rot.)
So, isn't your memory now an attic
with mothballs, photos, and letters from America?

In the haze of the streetlight
you decipher the river, actually
you dread it.
Your bare feet take you through
fields of chamomile—
a sharp crunch
and the heat of a material, touched and crushed:
a nest.
Too late now you turn back
life took flight from this spot too,
and the path has a new nocturnal story,
an involuntary cruelty.
That's all.

INSTANTANEU

Hai să-i cântăm imne de slavă!
Să-i închinata câte un poem pietrei cosmice
ce-a fost cândva capul unei comete strălucitoare
și care acum e folosită de un om cumsecade
ca piatră pentru butoiul cu varză.

SNAPSHOT

Let us sing songs of praise!
Dedicate your poems
to the cosmic rock:
once the head of a shimmering comet,
now for an honest joe
it holds down the lid of his cabbage pickler.

NOCTURNĂ

Cubul de gheață topindu-se în pahare,
princiara culoare a băuturii seara,
și ploaia care nu mai contenește. Nu mai contenește.

...chiar și ploaia poate ține loc de viață...

Clownul își poartă demn pălăria și valiza cu nimicuri
prin metroul murdar.
Femeia cu plasele pline, sprijinită de geam
e balerina sidefie de la circ.

Carnea acestui cuvânt nu mă mai doare.
Nu mă mai înspăimântă. M-am lepădat de ea. Ninge.
Auzi?
Ninge.

NOCTURNE

The frozen cube melts in regal shades of evening drinks
and ceaseless rain. And ceaseless rain.

The clown in the Metro wears a fedora
and carries an empty briefcase.
A woman leans her head against the sliding doors
gripping the handles of her shopping bags.
She is the pearly circus ballerina.

The meat of these words does not hurt me.
It does not frighten me. Any more.
Snow.
You hear me?
Snow.

CAPCANE

În zori îşi pune cursele frumos lustruite
printre straturile cu ridichi şi ceapă.
Roua le va rugini curând,
iar tu abia sosit în gradină
le vei confunda cu o jucărie stricată.

Puţin mai sus pe râu,
bătrânul şi-a întins plasele lacome
peste malul cu flori.
Va trebui să cârpească ochiurile rupte.

Trăieşte cu apa până la genunchi!
Ah, când o ţinea pe fetişcana pistruiată
pe genunchi, acum o veşnicie şi mai bine.

Trăieşte cu apa până la inimă!
De el nu-şi mai aminteşte nimeni.
Doar băieţelul căruia îi construia morişti
şi duminica i-aducea de la târg inimi de zahăr.

Trăieşte cu apa până la gură!
Viaţa i-a furat de mult surâsul,
abia mai mestecă slănina.

Seara, în cutiile de conserve ce-i numără zilele,
îşi adună puricii „Daphnia-hrană pentru peştii de acvariu”
cum desenează el, cu scris tremurat, pe etichetele
                                        multicolore.
O pradă cenuşie şi măruntă. Asemeni vieţii lui.
De fapt, o capcană.

TRAPS

He polishes his traps at dawn
and puts them in the garden
between his radishes and onions.
The dew will rust them,
you, having just arrived
will mistake one for a lost toy.

Further up the river
the old man covers flowers on the riverbank
with hungry nets
and darns their mesh for fishermen.

He lives in water up to his knees:
Ah, to bounce the freckled flapper
on his knees—two centuries ago.

He lives in water up to his heart:
No one remembers him except
the boy he makes weathervanes
and sugar hearts on Sundays.

He lives in water up to his lips:
Long ago, life stole his smile.
Now he can barely chew pork fat.

In the evening, in empty cans of beans
he collects one flea per day
"Aquarium fish Daphne food"
he writes trembling letters on multi-colored labels.
Tiny, ashen prey.
His life. A trap.

AUTUMNALĂ

Umilitor alungi o aminitire în septembrie!
Nu-ți întoarce fața de la mine, mai trebuie să cadă
câteva frunze!

Nebuna culege de pe deal castane și-și dă foc
umbrei și pletelor cărunte...

M-ai întrebat o dată dacă am atins o statuie. Am râs.
Și am scos peștele mic din cârligul undiței tale.
Mi se mai zbate și acum în palmă.

AUTUMN

It is pathetic
to keep remembering
in September!

Don't turn away from me
A few more leaves still need to fall.

The mad woman on the mountain
gathers chestnuts and sets fire to her shadows
and her gray hair.

Once you asked
if I had ever touched a statue. I laughed.
I snatched the fish off your hook.
It is still twisting, here
in my palm.

GHINDA ŞI SOMNUL

În camera cu păsări împăiate mi-am luat rămas bun
de la ultimii douăzeci de ani de viață.
Prin geamul murdar priveau dimineața și demența.
Un obraz fardat, celălalt inexistent, un ochi prin care
se vedea marea, prin altul țărmurile barbare.
Astfel m-a întâmpinat ea la celălalt capăt al turnului.
La flaut nu mai cânta de mult. În partiturile cerate își
                        făcuse cuib o egretă.
Pe lacul lucios patina acum prietena mea și un fir de sânge
se ridica până în inima ceasului.
Mi-am spus că e iarnă. Mi-am spus că mușcata din fereastră
nu va rezista mult în turn.

ACORN AND SLEEP

In the room of stuffed birds, I said good-bye
to the last twenty years of my life.
I saw morning and madness through the dirty window.

One cheek painted, the other missing, one eye
that sees the ocean, another for barbarian lands
My friend showed me the other end of the tower.
She has not played the flute for a long time
An egret has nested in the waxy sheets of music.
She skates on the shining lake
a thread of blood rises
into the heart of the clock.

I told myself it was winter, that the geranium in my window
would not survive in the tower.

CIREȘE DE COMARNIC

„Cireșe de Comarnic, cireșe de Comarnic!"
Un glas cristalin cu forța unui râu de munte
străbate trenul, amiaza încremenită în vagoane.
Cireșele aburind le cumperi cu vinovăție aproape.
Câteva riduri pe chipul tău ars de soarele unei mări adevărate
(marea visată de măicuța vânzătoare poate)
și părul mai palid la 30 de ani.
Astfel stai față în față cu copilăria,
dar peste câteva clipe numai
fetița și ziarul ei umplut de roade
vor rămâne undeva în urmă pe un peron tot mai pustiu
departe, tot mai departe...

"HERMITAGE CHERRIES"

A crystal voice, thick as a mountain river
pours through the noon train
You purchase her steaming cherries
with some guilt.
Your face has a few wrinkles,
and some color burned
by the sun of a real ocean
(the one dreamed by the girl, perhaps
who stares into your face)
Your hair lies limp and pale. Thirty, no more.
In a few moments the girl
and her newspaper full of cherries
will be left on the platform, desolate
Further and further away...

TABLOURI ÎN MIŞCARE

Miez luminos părul despletit pe treptele reci,
alături vârful frânt al unei lăncii.
Îţi aminteşti sfioasa umbră pe mâinile dantelăresei?
Casa a devenit acum muzeu cu ore de vizitare,
cu tăbliţe pe care scrie „Vă rugăm nu atingeţi!"
Într-adevăr, orice atingere ar spulbera misterul,
fragilul zâmbet al doamnei din tablou
şi chiar robusta ei roată de tors.

Culegeai hribi răcoroşi şi-n muşchiul aburit
picioarele tale urmau o hartă ascunsă,
un drum printre nori, deasupra lumii cu spaime,
iubiri efemere şi ştirile de la ora 7.
Mai departe, hai, încă un pas!
Aici pe munte curajul ia forma paşilor tăi
şi lacrima de pe obraz nu-i rouă din vale.
Ai ajuns la zăpadă. Pune-ţi schiurile!
Schiurile lucrate pe ascuns de călugăr într-o dimineaţă
                                            fierbinte
când chilia lui devenea o pârtie orbitoare.

Deodată sunetul brutal al telefonului.
Şi vocea robotului ţi se înşurubează în creieri:
„Nu uitaţi azi e ultima zi pentru plata telefonului
                                    dumneavoastră
          Nu uitaţi azi e ultima zi!
                Nu uitaţi!"

TABLEAUX IN MOTION

A luminous part, your hair falls in two cold braids,
a broken link of a chain.
Do you remember the shadow that fell bashful
over the lace-maker's hands?
This house has become a museum
with fixed hours and signs saying, "Please Don't Touch!"
They are right—any contact would destroy the mystery
the fragile smile of the woman in the painting
her robust spinning wheel.

While you gathered mushrooms
your feet traced a hidden map onto the steaming moss.
A trail through clouds, above
phobias, ephemeral loves, the national news.
Come on, one more step!
On the mountain, courage is shaped like your footsteps
and the tear on your cheek is not a drop of dew.

There is snow. Put your skis on.
Skis a monk made in secret, one morning
when his cell turned into a blazing trail of fire.

A brutal, sudden telephone call.
The voice from the machine twists
into your skull like a screw.
"Don't forget: today is the last day to pay your telephone bill.
        Don't forget, today is the last day!
                Don't forget!"

Camera devine o gheară şi nu mai ai aer,
iar vâscul din grindă e o capcană pentru păsări văzute
                              şi nevăzute
Priveşti pe fereastră cum prin gurile metroului
timpul mai scuipă plictisit câteva siluete
şi ţi se pare că te afli în preajma unei cascade,
că e seară şi tu scrii o istorie a pirateriei,
că-i vizitezi apoi pe meşterii aurari
şi îngrijeşti un pâlc de viorele.

The room is a claw, you are breathless
and the mistletoe is bait for birds seen and unseen.
Through the window you see Time
spitting out shadows through the mouth of the metro
and you feel as though you are on the lip of a waterfall
as though it's evening and you are writing a history of pirates
as though you are about to visit a master goldsmith
and you are watering a pot of violets.

STUDIU

Tema:
Periferie, vedere a fabricii de scaune și a unui chei.
Alcool, femei mai triste ca felinarul din fața orfelinatului
                        într-o seară de toamnă.

Gândește-te! Și mâine e o zi. Și mâine vine moartea
                                    să te afle!
Dar ce mânie au zeii în sânge
și fânul cum ne mai smintește mintea asta îmbâcsită
                                        de orașe!
Mai bine lasă melancolia să rupă din tine
cum câinii din carnea animalului sacru.

Și luna înroșește lumea. Auzi?
La 300 de ani un meteor ucide un om.

SKETCH

Theme:
Outskirts, a chair factory, the lake
Alcohol, women under a streetlight
the orphanage sign, an Autumn night.

Think!
Tomorrow. Tomorrow death will search you out.
The gods' blood is thick with wrath
and hay drives this city-stuffed skull crazy.
You should let your melancholy be torn from you
the way dogs tear meat from a holy animal.

Red moonlight fills the world.
Are you listening?
Every three hundred years
a meteor kills a man.

O INTÂMPLARE MĂRUNTĂ

Schijele gerului îmi întunecă ființa.
Vânătorul trece cu blănurile calde încă pe umeri.
Îmi face semn.
Din mămăliga răsturnată pe gheață
ciugulesc câteva păsări: aurul zilei, aurul!

Sub noi mișcarea verde a râului,
și peștii, care nu mai vin.
Firul bine întins al undiței ne desparte
ca o barieră lăsată între viață și moarte;
la capăt plumbul, definitiv.
Și deodată, zbaterea aceea scurtă, simțită până în sânge
solidară cu sângele meu.
Și frântura de lume
din cearcănul de apă se tulbură

AN UNIMPORTANT MOMENT

Splinters of frost darken my coat, my self.
The hunter carries still-warm pelts on his shoulders.
He waves to me.
A few birds peck at pieces of mămăligă
I've dropped on the ice,
calling "Gold! Gold!"

The green river moves beneath us,
but no fish.
We are separated by the taut fishing line
as between life and death,
with lead, of course, at the end.
Suddenly a short tug in my blood
I feel the hook pull through the lip
and shatter the face
of the world held in this water's dark socket.

PLOUA ȘI DINSPRE FIORDURI VINE
MIROS TANDRU, DE MURE

Plouă și dinspre fiorduri vine miros tandru, de mure,
Aici în oraș odată cu ziua care scade
crește singurătatea.
Tutunul și rachiul ne țin de urât, prieteni,
când păsările se tem să ne mai ciugulească grăunțe
din palme,
când ceasul din turn ne asurzește, la fel inima asta
neobosită și nepăsătoare și neștiutoare în mecanismul
ei exact.

Și-n ceara acestei lumânări se aud albinele cum mor.

RAIN, AND FROM THE FJORDS COMES
THE SCENT OF BLACKBERRIES

in this city
when the sun sets, our loneliness grows.
My friends,
tobacco and brandy keep us company
when birds are afraid to eat from our hands
when the clock tower deafens us, like this heart that thumps away
unconcerned, unceasing, unknown in its workings.

In the wax of a candle we hear the crackle of wasps as they die.

SOLIDARITATEA NOPȚII

Pendula răgușise în noaptea aceea
și pădurarul prăjea păstrăvi.
Păstrăvii din râul de acum 20 de ani
în care ne scăldam.
(Cum ne mai speriam te atingerea lor
cum ne mai înfloram!)
Până și hainele tale îmi erau dragi.
Mirosul de jivină tânără
Cuibărit în ele
Și cel de tutun blond.
În zori,
Nu voi mai auzi
Mașina de cusut a vecinei
Nici scâncetul orb al vieții în scutece abia.
Îmi voi pune o rochie înflorată, ușoară,
Voi cumpăra lapte și un bilet de vapor
„Con questa faccia da straniero
Con questa faccia da straniero
Con questa faccia da straniero..."

NOCTURNAL SOLIDARITY

That night
the grandfather clock chimed
until its throat was sore.
That night the lumberjack fried trout for dinner.
Trout from the river where we
would swim twenty years ago.
(How a bump would make us shake inside.)
I loved even your clothes.
The scent of a young animal nested there
with mild tobacco.

At dawn
I will hear no longer
the neighbor's sewing machine
the blind cry of a life just in diapers
I will wear a flower sundress
I will buy milk and passage on a cruise
"Con questa faccia da straniero
con questa faccia da straniero
con questa faccia da straniero…"

CĂLĂTORIE

Intri la fotograf și în dugheana lui te pregătești
pentru o călătorie.
E o zi fierbinte de august.
Câteva boabe de zmeură pe o farfurie de aluminiu
                                    înmiresmează aerul
și-ți amintesc gamela, frica...
Te asază cineva pe un scaun înalt,
îți îndreaptă gulerul, cravate, zâmbetul.
(și eu care dintotdeauna mi-am dorit ochi albaștri,
oare nu se poate face nimic, domnule fotograf ?).

În jur multe clișee, unele încă ude, câteva margarete
și viața fixată în celule, în sângele tău
fără delimitările exacte ale cadrului fotografic.
Această după-amiază tristă e singurul revelator
pentru clarificarea întâmplărilor depărtate:
...ziua în care am văzut pentru prima oară marea,
fruntea tatii zgâriată, mâinile care au ținut apele
departe de cărți, de poeme în casa inundată ;
prima rochie de mătase, fragedă și tandră,
sau sărutul strecurat pe tâmplă de băiatul blond
la un ceai, sâmbătă seara...

Intri la fotograf și în dugheana lui te pregătești
pentru o călătorie în jurul propriei inimi,
visând grăuntele străluminat al unui poem.

JOURNEY

You enter the photographer's studio and there,
on a hot August day
you prepare for a journey.
Some raspberry seeds on a sun-warmed
tin tray scent the air
and you recall a mess kit, fear...
Somebody puts you on a stool,
adjusts your collar, neck-tie, and smile.
(And me, I always wanted blue eyes—
can't you do something?)

Strings of negatives, some still dripping, a few daisies
life kept in cells, in your blood
without the precise dimensions of the photographic frame.
This dreary afternoon is the only way
I can clarify events from long ago:
the day I first saw the ocean,
the scratch on my father's forehead, hands that held water
back from poetry books in a flooded house,
my first dress—delicate, tender, silk,
the kiss stolen on a boy's blond hair
drinking tea on Saturday night.

You enter the photographer's studio and prepare
for a journey about your heart
dreaming the sparkling grains of a poem.

DARUL

Hai, primăvară, începe-mă!
E vremea.

Și solzii peștelui s-au colorat,
amețite umblă polenul și râurile
prin timpuriile plete.
Cerceii subțiri, încălziți de sângele meu,
îi voi vinde celui venit de departe.

THE GIFT

Come on, Spring, start me!
It's *time.*

Even the fish have bloomed,
Rivers and pollen wander
giddy in young hair.
I will warm thin circles with my blood
and sell them for nothing to some man from far away.

SINGURĂTATE CU SPECTATORI

O bătrână trece de zeci de ori strada
cu tranzistorul deschis la știri, numai la știri,
O Penelopă ce trimite în fiecare seară câte o telegramă
bărbatului ei plecat de o viață de acasă.
„Nebuna cartierului!" șoptesc tinerele femei
când ea trece demnă și atât de îndrăgostită
pe lângă căminul lor fericit...

ALONE WITH SPECTATORS

An old woman crosses and recrosses the street
seven times, holding a transistor radio
the news, always the news.
Penelope sending her nightly telegram
to a man who left home for a lifetime.
"The Neighborhood Nut-Case,"
whisper young women
when she crosses their happy street
so haughty, so in love.

ULTIMA NOAPTE DIN AN

Peste crângul cu mentă zăpada-i de un metru.
Colții haitei de lupi cresteză întunericul.
Am la picioare norii. Norii care ne ascund de multe ori viața,
ei înțelepții — cum îmi spunea o prietenă din munți,
înțelepciunea? Un cuvânt străin. Și rece.
O piatră la căpătâiul altei pietre.

Curata, strecurata ceară luminează încăperea și sufletul;
prin ea văd roiul de albine, pe Melissa o văd.
De-ar avea zeii atâta nebunie cât această îndrăgostită!
De-ar avea zeii o zi de omenească fericire!

Jerbe de stele și sori inundă orașul. E ultima noapte din an.
Și soldatul cu mâinile roșii, înțepenite de frig
mai încarcă o salbă de artificii...

THE LAST NIGHT OF THE YEAR

The snow bank lies over a bed of mint
and packs of wolves
gnaw out corners in the dark.
Clouds surround my legs. Clouds hide
sometimes our lives from us.
They are wise—a friend
from a mountain town once told me.
Wisdom? An alien word. Cold.
A stone on top of other stones.

This pristine wax illuminates
my room and heart. Inside
I can see the beehive. And Melissa.
If only gods were as crazy as this woman's love.
If only gods had one day of human joy.

Wreathes of stars and suns
fill the city. The last night of the year.
The soldier with red hands, pierced
by cold, lights another row of fireworks.

INSTANTANEU

Voiam să scriu un vers. Atât în această primăvară.
Raza de soare pribeagă s-a speriat,
ca o sălbăticiune în bătaia puștii.
Acum foaia de hârtie-i oglinda aurarilor.
Port în mine o taină. E un început, nu-i așa?

SNAPSHOT

I had wanted to write
at least
one line this Spring.
The sunray was in exile, frightened
like a pheasant caught in a firing range.
This piece of paper
is now the goldsmith's mirror.
I hold a mystery in my hands.
At least
that beginning.

ODIHNA POETULUI

— Hei, mai locuiește cineva aici?
— Doar aura unui cuvânt de mult rostit,
un cuplu de bătrâni și singurătatea
cuibărită în bidonul de gaz și în fereastră.
Și ce mai fereastră! Cu anotimpuri prăfuite,
scandaluri mărunte și chiar șoapte de iubire,
seara când se întunecă și lumea
își mai uită principiile.

Un fruct necopt îmi face cu ochiul
de pe ramura obosită.
Și urletele mulțimii înfioară perdeaua subțire.
Dar muzica?
Ultimul lutier s-a închis într-un Stradivarius
și nu mai vrea să știe de noi.

Poetul se odihnește.
Mulțimea dornică de sânge îi spală picioarele,
îi poartă poemele pe perne de mătase
până când fructul cade cu zgomot
în ligheanul fără fund.

THE POET RESTS

—Hello, is anyone here?
—Only the glimmer of a word spoken long ago,
an old couple nesting lonely
below the propane tank and the window.
And what a window! Seasons ground into dust,
tiny scandals, a whispered love,
the evening when the world goes dark
and forgets its principles.

An unripe apple winks at me
from its drowsy branch.
A roar of thanksgiving thrills through the thin curtain.
Music?
The last violin-maker walled himself
inside a Stradivarius
and wants nothing more to do with us.

The poet rests. The crowd wants blood.
It washes her feet,
it carries her poems on silk feathers,
waiting for the fruit to fall with a thud

in the bottomless bucket.

False peisaje ❧ *False Landscapes*

CÂNTECUL IMBLÂNZITORULUI DE ȘERPI

Vegheam corăbiile cu smirnă în porturi, la Cartagina.
Eram îmblânzitorul de șerpi,
sau cel sortit gropii cu lei într-o falnică dimineață
de april.
Nu-mi rosteați niciodată numele,
cuvintele mele prin marile orașe ale Orientului
îndemnau la subtile petreceri și răzmeriță.

Umbra nu-și ține niciodată promisiunile;
fără de soare, fără de soare ar pieri până și ecoul tău.

Un ban de aramă vă arunc în pahare
să nu-l uitați pe cel neiubit,
pe cel plătit pentru iubire!

THE SONG OF THE SNAKE-CHARMER

I was a snake-charmer in Carthage
or, I was destined to die
one proud morning, in the lion pits.
You never spoke my name.
But throughout the great Oriental cities, my words
were the fire for secret celebrations
and the cause of revolutions.

Your shadow never keeps its promises,
without the sun
without the sun
even the echo of your footfall
is lost.

I drop a silver coin in your cups
to remind you of he
whom no one loves,
to remind you
of he who is paid to love.

Frumosul rămâne într-un gând, într-un gest,
într-o ieftină încăpere.
I-aud şi acum pe corăbieri înjurând marea
pe cheiurile pe care eu nu le-am părăsit
niciodată.
Pe bătrânul ceasornicar şi pendula-i de aur i-am întâlnit
într-o seară în cafeneaua din Istanbul
în care aerul mirosea a scorţişoară şi tutun.

Ce trist zâmbea băiatul tânăr!
O statuie din templul Athenei, ai spune,
întinsă pe masa de ciment.
„Cel mai frumos mort!" şoptea studenta zveltă,
stingând ţigara lângă degetele lui
şi buchetul de viorele se ofilea în pletele ei diafane.

LANDMARKS

The beautiful resides in a thought, a gesture,
in a cheap room.
I still hear boatmen cursing the sea
along quays I never left.
One evening I met the ancient watchmaker
and his golden grandfather clock
in an Istanbul café,
the air thick with tobacco and cinnamon.

This boy has the saddest smile.
You would say
a statue from an Athenian temple,
spread on a cement table.
"I have never seen a more beautiful
dead body," whispers a svelte student
as she puts out a cigarette
between his fingers. A bouquet of flowers
withers in her pale hair.

PLOUA LA SIENA

Câte un pește înoată în fiecare strop de ploaie.
Orașul respiră prin bronhiile lor,
curate și albe.

RAIN IN SIENNA

Inside each drop of rain
fish swim. The city breathes through
their clean, white gills.

ATERIZARE FORȚATĂ

Scâncetul frunzelor toamna atât de melodios, stăpâne!
Cuvântul scânteind ca o elice deasupra norilor, în Rhodos.
Și marea, cel mai sigur pământ pentru aterizările forțate
ale îngerilor.

CRASH LANDING

The whining autumn leaves make lovely music, Master!
The word sparks
like a propeller engine coughing
above the clouds,
the sea in Rhodes the safest ground
for the angels'
crash landing.

INCURSIUNE ARHEOLOGICĂ

O flacără gălbuie se tânguie la geamul vâslașului
plecat dincolo de Coloanele lui Hercule.
Corăbiile sub ape visează
veselele cheiuri ale Cartaginei
și marinarii lor se mai îmbată încă
pe strada Astronomului, la numărul 3.

Smochinii, lămâii înțepeniți în aceste
rădăcini carbonizate, descoperite de studenta blondă,
Jennifer Stretton pentru lucrarea ei de diplomă.
Pe terasă, printr-un pai transparent ea soarbe
limonada răcoroasă.
Și râde. Și râde.

ARCHEOLOGICAL INCURSION

A yellow flame mourns the oarsman's window
beyond the Pillars of Hercules.
Below the water, boats dream
of the Carthage shores
of sailors still drinking
at No. 3, Astronomer Street.

Ficus trees and lemons pierced with carbonized roots
discovered by a blond student
Jennifer Stretton, writing her dissertation.
In a café, she holds a transparent straw
and sips cool lemonade.
And laughs. And laughs.

CELOR NEMURITORI LE RÂD ÎN FAȚĂ

Zeilor le prind violete în plete,
Celor nemuritori le râd în față!

Caisa s-a rotunjit pe ram, caprele au coborât muntele.

Alb, glasul tău străbate încăperile.

Iată poemul leneș cum se desfată lângă ceara arsă:
La Eresos s-a născut o fată,
La Eresos s-a născut o fată!
„Eu singură adorm."

I LAUGH AT THE IMMORTALS

"I stuff violets in the hair of the gods,
I laugh at the immortals!"

The apricots are fat, goats have come down from the mountains

Look at this lazy poem nestled beside burnt wax
Your white voice resounds through the hall:
At Eresos a girl is born,
At Eresos a girl is born!

"I sleep alone."

ÎN CASA UNDE HIACINTUL
ÎNFLOREȘTE A DOUA OARĂ

În casa unde hiacintul înflorește a doua oară
Nu se mai aud zăpezile în geam
Nici hohotele regelui nebun.

Pe câmpul de la Elis au înflorit măslinii
Agrafa mea de argint împodobește alte plete
Și alți ani.

IN THE HOUSE WHERE
THE HYACINTH BLOOMS TWICE

you cannot hear
the insane giggling of the king.
The olive trees bloom
on Elysian fields.
You cannot hear
snow blown against the window.

My silver hair-pin
lends its splendor
to other curls,
to a foreign time.

ÎN LESBOS MĂSLINII AU ÎNFLORIT

Poetul
cu o halbă de bere în față
contemplă marea.
Cimitirul vechi suie țărmul spre cer.
Bulldogul pe pernele Rolls-royce-ului cască
imperial.

Pe o bicicletă de aur trece doamna în violet.

Pe lângă trupurile flămânde de soare și dragoste
cel al îndrăgostitului care se va sinucide
chiar mâine.

„Lasă-ți pelerina și descoperă-ți chipul.
În Lesbos măslinii au înflorit,
ziua e un safir răsfățat de catifele
Poartă-l sănătos!"

Pe o bicicletă de aur trecea doamna în violet.

THE OLIVES HAVE BLOSSOMED ON LESBOS

The poet, beer in hand
contemplates the sea.
The cemetery crawls up the shore
toward heaven.
The imperial bulldog on the lush seats of the Rolls-Royce
yawns.

On a gold bicycle, a woman in violet passes.

Beside bodies hungry for sun and love
waits the lover who tomorrow
will kill himself.

"Remove your hood, show your face.
The olives have blossomed on Lesbos,
today a sapphire is set in velvet folds:
wear it in good health!"

On a gold bicycle, a woman in violet passed.

CÂNTEC PENTRU VÂNZĂTORUL DE PIPER

Sub cireșul uscat își numără zilele vânzătorul de piper.
Piperul lung, cuișoare, scorțișoare,
ambra, smirna, herba moschateea fără de stăpân.
Doar clinchetul aurului sterp îi mai încălzește trupul.

„Cireșele de la ureche, răcoroșii cercei,
doar pentru el!" șoptesc fecioarele din Egina.
Și el care nu mai vede demult.
Și el care nu mai aude demult.

SONG FOR THE SPICE SELLER

Under the withered cherry tree
the spice seller counts the days
he has remaining.
Dried peppers, clove, cinnamon
amber, myrrh, the untamed musk rose.
Only the barren clink of gold keeps him warm.

"Let's put cherries, cool cherries over his ears
just for him" whisper virgins of Egina.
He who long ago stopped seeing
he who long ago stopped hearing.
Only the barren clink of gold keeps him warm.

În Alexandria o pisică roșie la geamul poetului bolnav
Și cărțile mai triste ca marea în amurg...

Sălbăticiunea din creieri scheaună prelung;
la alt geam, la masa burghezilor:
pahare ciocnite, oasele albe în farfurii de Sèvres
mai albe decât oasele înecaților...

Doar lumânarea mai pâlpâie pe scaunul albastru,
singurul rămas după atâtea datorii plătite de el
în viață și în Hades.
Nu-i nimeni pe aproape să-i șoptească numele.
Nu-i nimeni pe aproape.

În Alexandria o pisică roșie la geamul poetului bolnav...

In Alexandria a red cat
in the window of a sick poet
and books sadder than the sea under fog.

Wild dogs bark in his brain
At another window, the bourgeois dine
clinking glasses, white bones on china plates
whiter than the bones of a drowned man...

On a blue chair a flickering candle
All that remains after paying his creditors here
and in Hell.
No one whispers his name.
There is no one.

In Alexandria a red cat
in the window of a sick poet...

Cum mormăie lutul în nopțile cu lună!
Leandrii de pe Via Appia mai strălucitori
Ca sânii tăi, mi-ai spus tu, trist:
Henrik, Edward, William, Ezra — adorați și huliți,
Adoraților!
Și părul despletit prin toate mările lumii
E verde acum și carnivor.

Kazi Zade Rumi, astronomul îmi culege cireșe;
o frunză se răsfață pe luneta cea mai puternică,
o alta îmi răcorește mie fruntea și anii.

Pământul negru, lacom, răscolit de gropari,
Supune privirea și sufletul la cazne.
„Mai dă-mi o cireașă, prietene,
Sânii mei te vor orbi,
Mireasma lor de zmeură te va trezi în zori!"

Și tu, în fiecare seară, îi potrivești
oglinda la gură
să vezi dacă mai trăiește
și el, nătărăul, îți zâmbește, recunoscător.

FROM THE SECRET HISTORY OF THE ASTRONOMERS

The clay grumbles under a full moon
On the Via Appia oleander shines brighter
than your breasts, you told me, disappointed.
Henrik, Edward, William, Ezra—adored and cursed.

My hair unfastened falls over the seas of the world
green and carnivorous.

Kaze Zade Rumi, the astronomer, brings me cherries.
A wet leaf clings to his most powerful telescope
another cools my forehead, and my thirty years.

The black, greedy earth, tilled by gravediggers,
tortures my vision and soul.
"Give me another cherry, bud.
My breasts will blind you!
My breasts will wake you at dawn
with their raspberry scent!"

And you, every night you
hold a mirror over his mouth
to see if he is still alive, and
the moron smiles gratefully back.

În piața San Marco
nici un duel, nici un orb,
nici un cub translucid.
Mâinile tale dezmiardă câinii de piatră.
Mâiniile tale în prelungirea nopții polare.

Din gura puștii hrănești porumbeii,
vârste faraonice sub umbrele,
clipa lăuză sub baldachin de jad.
Și nici o pajiște între noi,
nici măcar un fiord.
Herghelii înhămate la piramide
ți le-aduc la picioare pe verzi catifele.

Iată, broasca țestoasă sprijină lumea
nu cu mușchii de os, ci cu înțelepciune
și resemnare.

La Perugia s-a mai sinucis un artist.
Moartea rubinie în lesă plimbată
nu mă mai înspăimântă.

Aici plouă de două săptămâni,
izma se usucă la grindă, curată...

IN PERUGIA, ANOTHER ARTIST
HAS COMMITTED SUICIDE

In Piazza San Marco
no duel, no blind man
no translucent cube.
Your hands petting some stone dogs.
Your hands prolong the arctic nights.

You feed pigeons from the barrel of a gun.
Pharaohs in shadows, nurse
their days under a jade canopy.
No meadow between us,
not even a fjord.
Horses harnessed to the pyramids
pull them toward your feet
over a green velvet carpet.

See
the world rests on the back of a turtle
who has no muscles or bone, but wisdom
and resignation.

In Perugia, another artist has committed suicide.
I walk ruby death on a leash.

It has rained for two weeks straight
Spearmint hangs from the beam to dry, pristine...

ALT EXERCIȚIU DE ECHILIBRU

Mai bei același vin în casa înghețată?
Mai vezi albastra mână, ionicele chipuri?
Afară-i întuneric. Ninge peste tristele catarge, peste trepte,
peste clopote de bronz.
Dintr-o mișcare spulberi visele reginei.
te îmbeți în fiecare seară,
singur, în fața tablei de șah.
Și zorile, sfârșită luminare, sărac te descriu.

ANOTHER BALANCING ACT

Do you drink the same wine, in your icy house?
Do you still see the ionic face, the blue hand?
It is dark outside. Snow falls on frowning boat masts, on
footsteps,
on the bronze bells.
With a finger you destroy the dreams of Her Highness.
You drink every night alone
beside a chessboard.
The dawn, when the candle begins to sputter,
calls you poor.

SUNT ÎN FIORDUL ABIA ÎNVERZIT

În fața ferestrei: mesteacănul.
Printre crengile lui: patul de fier,
portretul funcționarului Homer Pound, tatăl poetului.

În ascensorul murdar:
„Fragi, cumpărați fragi!" te îndeamnă femeia mirosind a pădure.

O colivie cu fragi!
O colivie cu fragi!

N-o mai aud.
Sunt în fiordul abia înverzit.

IN THE FJORD, IN BLOOM

In front of the window: a birch.
Through its branches: an iron bed,
a portrait of the bureaucrat
the poet's father, Homer Pound.

In the dirty elevator, a woman who smells of pines and earth.
"Strawberries, strawberries for sale"

Strawberries in the cage!
Strawberries in the cage!

I do not hear her now.
I am in the fjord, in bloom.

ALAIUL

Orhidee presărate pe clapele pianului.
Fotografia ta în acvariu,
suptă de pești.
Vei mai privi spre mare?
Vei mai privi?

Vinul și-a făcut datoria
suntem în Golful Persic.
Și perșii la porțile lumii. Mă auzi?

THE PROCESSION

Orchid leaves sprinkled over piano keys.
Your photo in the fish tank,
fish drink.
Are you still
watching the sea?
Are you still watching?

The wine has done its job;
we are in the Persian Gulf.
Persians pound at the gates of the world. Can you
hear me?

Pe o pâine și un tratat de astronomie
bătrânul trapezist și-a amanetat trapezul,
frânghia, plasa de protecție.
Se va retrage la Capul Horn.
Fericit va privi numai în sus,
fără bârna de echilibru.

BALANCE AT LAST

The ancient acrobat pawned his trapeze,
tightrope and net
for some bread and a book on astronomy.
He will retire to Cape Horn.
Happy at last, he will fix his gaze on the sky,
and walk without a balance beam.

CÂNTEC

Hai să hoinărim prin pădurea întunecată
iscodind urzicile! Un pian.
Părul tău muzical revărsat peste Niagara
îl voi trece vreodată?

SONG

Let's wander the dark forest
and investigate nettles. A piano.
Your mellifluous hair flows over Niagara—
will I ever follow?

Piața Aurarilor ❖ *Goldsmith Market*

PIAȚA AURARILOR

Cum stăruie zorile, curioase, la geamurile lor.
breaslă magică, poeții și aurarii!
în atelierele scunde din turn distilează fulgii de nea,
câmpul cu fragede viorele și aroma câtorva șoapte.
Ale cui?
Ale cui?
Ale zeiței cu pasul ușor,
ale fotografului sau vânătorului
pe când se pregătesc pentru iubire.
Urmează apoi șlefuirea metalului până la orbire,
până la pierderea minților, uneori.

La ușa lor crește un ied și viața,
viața care-i împinge în râul cel repede
cu lostrița fulgerând ca o amintire visătoarea carne
și cireșii încărcați de promisiuni pe maluri,
cireșele la care nu ajung niciodată.

Cum stăruie întunericul la geamurile lor
pe când breslașii cu un sâmbure luminos
momesc realul.

Și iedul adoarme pe un nor...

GOLDSMITH MARKET

In the tower, in low-ceilinged workshops
they distill snowflakes
a field of violet strawberries and the scent of whispers.
Whose?
Whose?
The goddess with light footsteps,
they belong to
the photographer, or the hunter
when they prepare to love.
Then they polish metal, until they go blind
sometimes until they lose their minds.

A goat is born at their door, and life
pushes them into the rushing river
where a mermaid flashes through dreaming flesh
and cherry trees on the banks heavy with promises,
with cherries they never reach.

As when the dark lingers at their windows
when tradesmen lure reality
with a luminous seed.

The kid rests on his cloud.

BIOGRAFIE

Catherina Regina, poeta cu glezne subțiri.
fiică a unui anotimp în infern
născută în Greiffenberg,
lângă piața neguțătorilor de pește.

Catherina Regina crește albine,
brodează cămășile iubitului ce nu s-a mai întors din turnir
și-și ascunde poemele între corzile spinei.
De aceea când cântă seara înaintea nobililor oaspeți,
surâde câte unui poem orbitor strecurat
în melodia cuminte.

Catherina Regina, Catherina Regina,
poeta cu glezne subțiri,
a murit prima oară acum 286 de ani într-un golf umbrit
pe o corabie care nu apucase să ridice ancora.

BIOGRAPHY

Katerina Regina, the poet
with thin ankles
daughter of a season in Hell
born in Greiffenburg, beside the fish market.

Katerina Regina raises bees,
and embroiders the shirt of her beloved (he
who after the tournament never returned)
She hides poems under the strings of her harpsichord.
When she sings after dinner, before noble guests
her smile is a blinding poem
carried by a chaste melody.

Katerina Regina, Katerina Regina
the poet with thin ankles,
first died 286 years ago, in a shadowy sea
inside a ship that could not raise its anchor.

FLORI DE RUG

Flori de rug, sălbatica forță a vieții sub gingașe petale,
izbucnind chiar din stânca săracă.
Și rugul definitiv și simplu. Întunecat.
Cumpărați trandafiri!
Cumpărați trandafiri! te îmbie fata cu pulpe de aur
de care și moartea s-ar îndrăgosti ușor.
Frumusețea nu-i pentru oricine, îmi spune zâmbetul tău
aplecat peste ceasornicul stricat.
Și apoi cine ar mai cumpăra trandafiri
dacă ar fi strigați pe numele lor adevărat ?

„Flori de rug, flori de rug" mormăie poetul
rătăcind prin burgul aurarilor.

Flowers for the pyre, the untamed life force under frail petals
bursting from anything, even a poor swamp.
The definitive, simple pyre. Darkness.
Buy roses!
Buy roses! even death would fall
for the girl with golden thighs.
Beauty is not for just anyone, your smile tells me
from the face of a broken watch.
After all, who would buy roses
if we used their proper name?

"Flowers for the pyre, flowers for the pyre," mumbles the poet
lost in the city of goldsmiths.

ÎMPĂRȚIREA FOCULUI

Lasă-ți răcoarea mâinilor în pletele mele
și nu mai întreba
cum voi sfârși cu viața!
Soarele a apus.
Cuvintele, eșarfe străvezii,
mă sugrumă încet.

THE FIRE RITUAL

Leave the cold trace
of your hand in my hair,
and stop asking me how
will I end my life.
Sunset.
A translucent scarf of words
slowly strangles me.

DIN VIAȚA DE ARTIST

De miere lumina în geam,
de ceară lumina pe mâna care învie în pletele reginei.
Astăzi nu voi mai cumpăra carne, scorțișoară, corăbii.
Racul va tăia cablul oceanic
și toate mesajele se vor pierde.
Peștii cu ochii roșii, roșii de atâtea cuvinte
se vor retrage în mările din munți.
Astăzi, despre moarte, nu-mi mai vorbi!

În turnul de rouă de la etajul 40 zeița cu sandale de aur
crește răcoroase narcise în coiful ruginit.
Cavalerul bea whisky, fumează țigări roz cu mareșalul.
Calul tău mestecă ultimele flori de cireș,
șaua o rod șoarecii din apartamentele regale;
mai vine o corabie din Levant cu uleiuri, mătăsuri,
scorțișoară și flori de lămâi.
Cumpăr un flaut și trei iepuri de casă
și mă întorc cuminte în satul meu,
pe care nu l-am părăsit niciodată.

Astăzi când nu mai cumpăr carne, scorțișoară, corăbii.

FROM THE LIFE OF AN ARTIST

The window light is honey
The light along her hand is wax
the shine on the hair of the queen.
Today I will not buy beef, or boats, or cinnamon.
A crab will cut the trans-Atlantic cable
and all messages will be lost.
Fish with bloodshot eyes, shot with words
will retreat down the mountains into the ocean.
Today, please
do not talk to me about death!

On the 40th floor of the dew tower
the goddess with gold sandals
plants her cool narcissus in a rusted helmet.
A skeleton drinks whiskey and smokes pink cigarettes
                                    with the sheriff
Your horse pulls the last blossoms from the cherry tree
its saddle a crop of mice taken from the royal apartments,
a crow flies from the Levant with its beak full
of cinnamon and lemon flowers.
I buy a flute and three rabbits
I return quietly to my village, the one I never left.

Today I will not buy beef, or boats, or cinnamon.

MARȚI

Înmiresmatele mele cuvinte, mai dați-mi un răgaz!
Viața cu mirosurile ei mai puțin subtile,
mai nerușinate, ne face prizonieri. Să n-o dezamăgim!

TUESDAY

Fragrant words please
leave me alone.
The less subtle scents of life
the bolder take us hostage.
Let us not disappoint our captors!

NEGUȚĂTORUL DE RAME ȘI OGLINZI

Ce liniște și ce răcoare în dugheana cu atâtea chipuri!
Palide rame, cu fața la perete întoarse, privesc spre
o iarnă mai bogată
sau spre coșul cu trandafiri ca o pâlpâire a tinereții
în memoria bătrânei actrițe...

Se întunecă afară

Și câți călători în aceste oglinzi:
anticarii, vânzătorii de păsări, pălărierul
și văduva lui — vecinii de o viață.
O viață petrecută sub becul ursuz, visând salcâmii roz.
Se întunecă afară
De-abia mai vede să ude lămâiul,
să șteargă praful de pe imaginile înrămate ale zilei
să-și privească chipul prădat.

Se întunecă, viața se micșorează, umbrele cresc...

MERCHANT OF FRAMES AND MIRRORS

How quiet and cold in the shop with so many faces!
Pale frames turned to the wall, toward a more prosperous winter
or toward the basket of roses, a flicker of youth
in memory of the aged actress.

The sun descends.

So many travelers in these mirrors:
book vendors, bird sellers, the hat maker
and his widow—neighbors for a lifetime.
A life lived under a dejected light bulb, dreaming of pink acacia.
The sun descends
barely light enough to water the lemon tree
to dust off the images framed that day
to admire the imprisoned faces.

The sun descends, life gets shorter, shadows longer…

DEZMORȚIRE

Pătratul luminos decupat în noaptea asta.
Un ochi al vieții.
Și preeria dintr-un western sufocată între mobile
și zgomotul dușului în camera învecinată.
Să-i închizi ochii, ai putea:
cu forța, cu furie, sau numai cu câteva vorbe.
Ehei, câte întâmplări pentru o singură seară!

TO REVIVE A LIMB GONE NUMB

A luminous rectangle cut from the night.
An eye life uses.
The expanse of the cowboy prairie suffocated
by furniture, by the noise of our neighbor's shower.
You could close your eyes
if you wanted, by force
or fury or just with a few words.
My.
My oh my.

VINERI

Paznicul din turn ne umilește zilnic
cu zâmbetul, cu haina liliachie și mușchii veșnic treji;
chiar când se îmbată ne ține discursuri despre ordine și morală.
Astăzi e vineri. „E vineri!" croncăne papagalul frizerului
Și plouă mărunt și plouă ca-n vechile cărți poștale

Mai cântă flașnetarul prin piețele pustii?
Bătrâna funcționară de la poștă mai ghicește în cafele?
Paznicul din turn își face rondul, dar turnul
nu-i chiar creierul bufonului, prieteni?

FRIDAY

The tower doorman humiliates us every day
his smile, his lilac uniform, his taut shoulders
even when he's drunk
he lectures us on order and morality.
Today is Friday. "Friday!" squawks the barber's parrot.
Rain drizzles, it rains
like it rains on faded postcards.

Is the organ still grinding in the deserted piazza?
Does the ancient clerk still read the dregs of your coffee?
The doorman guards the tower, but
isn't the tower just the brain
of a buffoon, my friends?

*   *   *

Ah, de-aş putea salva măcar
culoarea părului tău, într-un poem!

*   *   *

Oh, to just salvage
the color of your hair
in a poem!

VREMEA MIERLEI

În cuvânt ca-ntr-o chilie mă închid,
aici lumina nu piere, nici zumzetul albinelor.
Zgomotul și furia lumii prin flaut de lemn trecute
liniștitor plutesc, sunete tandre.
Aici primesc scrisorile celor plecați pentru totdeauna
pe mare sau pe uscat; aici ca la un semn trag corăbiile lor.
„Vremea mierlei!" șoptești tu, deasupra sângelui meu.

THE AGE OF THE BLACKBIRD

I shut myself inside the cell of a word.
Light does not die here,
I still hear the sound of bees.
The sound and fury of the world float quietly
through a wooden flute, sweet sounds.
Here letters come to me from those
who have left forever
who walked or sailed away,
I pull their boats back toward me like a sign.
"This is the age of the blackbird,"
you whisper to me, over the rush of my blood.

CÂNTEC

La ora când poetul bea vinuri liliachii în cafeneaua albă,
bătrânul astronom ne cercetează din Hades
printr-o puternică lentilă:
„Pământul, oho, ce depărtată stea!"

SONG

In the ivory café
when lilac wines slip past the lips of a poet
the ancient astronomer in Hell
observes us through a powerful lens:
The Earth—he says—
what a far-away star!

VOCAȚIE

Îmbătat de mireasma orașului cu nume de mare
am stins focul din vatra
unde s-au cuibărit zilele mele.
Șarpele a strălucit pentru ultima oară în fragilele sandale
pe care le purta zeița când alerga spre tine.

VOCATION

Drunk on the scent of the city named for the sea
I smothered the hearth fire
under the nest of my days.
We have seen snakes for the last time
those wound through the delicate sandals
the goddess wears when she runs to you.

ÎNȘIRUIREA OBIECTELOR

Fotografia ta în colivia pustie se șterge;
a mai rămas doar iarba.
Un fluture se izbește de geam.
Un fir de sânge coboară colina înghețată.

În pletele mele naște lupoaica
din prăpăstiile ninse.

THE LINE

In the empty cage your photo fades
Only grass remains.
A butterfly bounces against the window
A line of blood slides down the frozen hill.

In my hair
in the snowy abyss
a she-wolf gives birth.

ȘTII CE VAD EU ACUM?

Știi ce văd eu acum?
O sferă de cristal, în ea un mușchi verde, verde,
Și pe mușchi un ou mic de pasăre.

DO YOU KNOW WHAT I SEE NOW?

A crystal sphere
inside the sphere
green green moss
on the moss
the mottled egg
of a tiny bird.

ÎN NOPȚILE CÂND SÂNGELE
E UN TRIST PROMONTORIU

În nopțile când sângele e un trist promontoriu
și toamna își face de cap prin orașe
aud șuierul rece al coasei deasupra bătrânelor morminte
din satul acela de munte
apoi fragilele căpițe în care se zbenguiau copiii...

Acum pe masa mea se odihnește cuvântul, cerească păpădie
și luminează, cum mai luminează!

IN THE NIGHT WHEN BLOOD
IS A DESOLATE BEACH

and Autumn makes a fool of herself in the city,
I hear the cold whistle of a scythe
over old graves in a mountain village
then fragile haystacks where children played

Words rest their heads on my table
Heavy, like holy dandelions
that glow, and glow!

POEM PENTRU FLOAREA DE VANILIE

Floare de vanilie, răcoroasă tăcere,
răcoroase prezențe, vocea ta străbate tunetul roșu al cărnii.

Strălucitoare și albă cade de pe cel mai înalt turn.

POEM FOR THE VANILLA BLOSSOM

Vanilla blossom cool silence
cool presence your voice resounds
throughout the red tunnel of our flesh.

White glittering it falls
from the tallest tower.

SALONUL DE IARNĂ

Din salonul de iarnă ai venit.
Numai un zâmbet al femeii cu chitară şi tresari
şi zambilele mirosind a pământ reavăn.
Aici, printre puţinele obiecte luminate
gândul iubitei se roteşte, ah, vultur
lăsându-se tot mai aproape de sângele tău!

Pe arătura de răsadniţă un ban de aramă. Şi tu,
Şi muzica de peste râu, nuntaşii.

S-au dezgheţat şi geamurile aurarilor. Apa picură
adâncindu-le singurătatea.

THE WINTER SALON

You came from the winter salon
a smile from beneath the guitarist's hair
from the hyacinth, the smell of wet earth.
Your lover's thoughts circle here
among a few illuminated objects—a vulture
flying closer to your blood.

A copper coin on a sun-warmed plow. And you
and music from across the river. A wedding.

The goldsmiths' windows have melted
The dripping water burrows into their loneliness.

LECȚIA DE VÂNĂTOARE

În camera întunecată mâna stângă-i un punct luminos
și el cu sângele la pândă, cu gluga trasă peste cap
(nu era el, oh, nu era călăul!) — Falco peregrinus. —
Începe lecția de vânătoare. Clopoțelul îi sună pe ochi?
Mănușa șoimarului așteaptă lângă cana de cositor
și buchetul de viorele. Iar e îndrăgostit!
Dar soba-i rece și Țara Loviștii se depărtează odată
                                        cu înserarea
De abia mai deslușește literele începute:
                        13 februarie 1647, Constantinopol

„Numai 26 de șoimi am putut aduce:
2 au pierit iar mulți au picioarele umflate;
cei din Munacaci și din Gurghiu sunt mai răi.
Am rămas cu păsările doi șoimari
dar nu avem ce da șoimilor de mâncare."

Ridic ochii: o luminiță verde în ceruri trece peste oraș,
un avion, desigur. Ce știm unii despre alții?
Falco peregrinus, falco peregrinus, lecția de vânătoare.
Și cei de sus mai departe-s ca scrisoarea șoimarului Pavel.

THE HUNTING LESSON

In a dark room, his left hand is a point of light
The other: his blood alert, a hood pulled over his head
(no, no, it wasn't the executioner)—*Falco peregrinus.*

The hunting lesson begins. Is the bell ringing in his eyes?
The falconer's glove waits beside a tin cup
and a bouquet of violets. (He's in love again!)
But the stove is cold, and Wallachia departs with dusk.

Just the first few lines are visible:
                              13 February 1647, Constantinople

        I could only bring twenty-six falcons.
        Two died, and many have infected claws.
        Those from Muncaci and Gurghiu are the worst off.
        Only two of us are left with the birds,
        But we have no food for them.

I look up: a green light crosses over the city.
A plane, of course. What do we know of other people?
Falco peregrinus, falco peregrinus, the hunting lesson.
The one above is even further away than the letter
from Pavel the falconer.

INIȚIA ASTRONOMICĂ

De câteva secole înveți
să redevii pajiște,
să privești constelația de jad.
Cărturari, cu degete arse de ceară,
ne ascultă vorbind la TV
despre atelajele cosmice.
In urmă, departe, atelajul cu câinii din Alaska
și fumul subțire deasupra iurtei,
asemeni zâmbeltul tău
pierdut spre ghețarul And.

INITIATION IN ASTRONOMY

After a few eons you will learn
to become the meadow again,
to notice the constellation of jade.
Scholars with hands scarred under
a crust of hot wax, watch us
discuss constellations on TV.
Afterwards, far away, a team of Alaskan dogs
and thin smoke rising over a yurt
like your smile
lost toward the iceberg.

În ceasul cu limbile smulse dorm porumbeii.
Mireasma teilor urcând treptele tocite ale turnului
Odată cu sângele tău.
Jos, nebunul cu trup jumătate alb, jumătate albastru
și cap auriu culege ouă căzute din cuiburi
și cântă.
La cafeneaua din colț focul burghez și fețe mulțumite
umbresc vechi vase de aramă;
dar cine mai știe aici floarea de cafea
sau galioanele Bizanțului, bunăoară?

Am cules câțiva maci albi. Stiai ca există?
Cu greu le-am apărat puțina suflare
de vântul iscat de marile camioane.
Mi-am lăsat bicicleta în lanul cu grâu
(ce animal ciudat, la pândă ai spune!)
și am început acest poem.

DAUGHTER OF ATHENA

Inside the clock with hands ripped off, pigeons sleep.
The scent of linden trees climbs the worn tower steps
and your blood follows.
Below, a madman painted blue and white
with a golden head, gathers fallen eggs
and sings.
In the corner café, the shadows
of bourgeois flames and stuffed faces
flicker over old coin vases. But who here knows
the name of the coffee tree blossom
for example
who can describe the galleons of Byzantium?

I picked a few white poppies. Did you know they existed?
I bravely defended their tiny breath
from the wind of passing trucks.
I left my bicycle in a wheat field
(you'd say: what an odd animal, stalking something)
and began this poem.

CÂNTEC RUBINIU

Iedul tremură pe picioarele subțiri,
Seara cădelnițează în catedralele de brad
Tu în haină roșie, imperială
Îți umpli tichia cu flori de câmp și iarbă
Și surâzi celei ce am fost.

RUBY SONG

The kid wobbles on thin legs.
Evening incense fills the pine cathedrals
You, dressed in imperial red
gather prairie flowers and grass in your cap
and smile, thinking of what we were.

ADRESA

La marginea acestei pieritoare lumi
e un lup albastru lângă o moară.
Și ea care înoată atât de aproape,
atât de aproape de colții lui.

ADDRESS

At the edge of this dying world
is a blue wolf, beside a mill
And she who swims so close
so close to his claws

DRUMUL SPRE TURN

Această dimineață când prin subteranele orașului
                                        calea mi-o aflam
închipuind zăpada din nordicele burguri, ușoară și tandră
sau lacul înghețat brăzdat de patinele unui zeu.
Această dimineață când prin gurile metroului șuiera
                                        singurătatea,
mi-am amintit somnul în aerul fraged din căpițele de fân
și șorțul alb umplut cu bureți
după o zi de hoinărit prin grădinile verii...

Iată-mă acum în turnul cu aparate sidefii
stăpână peste o mie de vieți.
O apăsare de buton și lumea își deschide larg porțile de
                                        mucava
să-mi primească surâsul!
Garoafele din glastră, cu două vieți acum, pe film și în turn
se ofilesc mai greu. Știam că râul de lumină nu le va
                                        înspăimânta
îl vor confunda cu un soare de august
deși pantofii mei pe dalele reci
își lasă conturul în puțina apă ce-a fost cândva
miraculoasa zăpadă din fața geamului tău.

TO THE TOWER

This morning when I found myself in the city tunnels
imagining the snow of Nordic cities
and the face of a frozen lake scored by a god on skates.
This morning when loneliness whistled
through the mouths of the Metro stations,
I remembered sleeping on haystacks in cool air
a white apron stuffed full of mushrooms
a day spent wandering through Summer gardens...

Look at me now in the tower
with my mother-of-pearl cameras,
master of a thousand lives.
A touch of a button and the world's cardboard doors
retract to receive my smile!
Daisies in their pot live two lives now
one on film and one in the tower
and find it hard to wither. I knew they would not be frightened.
I knew they would take the river of light for an August sun
even though my slippers slide over cobblestones
leaving prints on pools of water that were once
miraculous snows clinging to your window pane.

CÂNTEC

Cu o crizantemă mângâie poetul coastele fumurii ale toamnei
în timp ce calul lui paşte iarba din pântecele unei viori.

SONG

The poet strokes
smoky scythes of Autumn
with a chrysanthemum
while his horse grazes
on a violin's belly.

I APRILIE

Să vă mai încerc o dată trăinicia, fire de iarbă
și pe vai frânghii banale — cum l-ați mai dat
Pe Ulyse vieții, prizonier!

Astăzi pământu-i mai oacheș,
mai verzi îți sunt ochii, zeiță,
alergând printre muritorii grăbiți
și aceste puține cuvinte-s istovite.
Nu se mai hârjonesc, nu-și mai smulg
straiele mătăsoase.
Smaraldele nu le mai sunt ocheane
prin care să te lase să vezi
măruntele întâmplări ale zilei.

Colbul gros de pe sandale le-a luat strălucirea
Și mai am atâta drum!

1 MARCH

Let's test solidity again:
blades of grass
pathetic ropes like those you used to keep Ulysses
a prisoner all his life.

Today, the earth has darker tracts
and goddess, your eyes are greener
as you run among those
who hurry while they die.
These words are exhausted.
They don't tease us like children any more
Their silk robes are no longer
something to search through, or tear apart
Their emeralds are no longer a spy-glass
where you see every little thing that happens.

Heavy dust has extinguished the light of my sandals
and there is still so far to go!

VIS DE IARNĂ

Dincolo de această zi ploioasă și de salcia sfios înverzind
e micul adevăr al fiecăruia: strălucitor sau tern,
amăgitor desigur.
Mișcarea peștilor în acvariu nu-mi spune nimic,
nici chiar surâsul tău. Sunt o mare!
La capătul degetelor mele răsare și apune soarele,
iar vorbele voastre abia mă ajung.

Un fir de mireasmă se prelinge printre buzele palide,
o fragă strivită — cu ea îmi împodobesc acest vis de iarnă,

Tânguitorule vânt, iartă-mă în noaptea asta prea albă!
Rozătoarele adorm în cearceafuri și de frică mă gândesc
la tânăra maică culegând nucile acelea nerușinat de verzi
(ce îmbujorată era în straiele-i veșnice,
abia surâzând dimineții brumate!)

Nu te poți gândi la nesfârșit la cei patru pereți
                                        ai existenței tale,
nici măcar la șuvoiul de sânge ce-ți împinge viața înainte...

WINTER DREAM

On the other side of this rain
of this greening willow
is everyone's little truth: brilliant
or serious, certainly deceptive.
The fish pacing in the aquarium tell me nothing
and neither does your smile. I am the sea:
The sun rises and sets at the ends of my nails
and your words barely reach me.

A ribbon of scent trickles out of pallid lips
A crushed strawberry
to adorn my winter dream.

Gentle wind, on this too-white night, pardon me.
Mice are asleep in the bedsheets, and I worry for
the young nun gathering unashamedly green nuts
(she was so red-faced in her eternal robes
barely smiling for the frosted mornings!)

You cannot keep thinking forever
of the four walls of your existence
not even the flood
of blood pushing life onwards...

DIN SĂLBĂTICIE

Floarea ta de câmp sălbăticită şi înfuriată
De liniştea, de amorţeala încăperii,
A pus stăpânire pe aer,
Înghite lacomă toate lucrurile.
Săracă şi acaparatoare scoate limba la trecători
Îi umileşte cu frumuseţea ei.

Mi-am lăsat sandalele şi rochia înflorată în acvariu
Ce fericită sunt în camera goală
Doar cu floarea ta de câmp în faţă
Şi gura roză a unui cuvânt!

FROM THE WILD

Your wild meadow flower is angered by silence,
by the nerveless room.
It rules the air, and greedily
swallows everything that was here.
The poor master sticks out its tongue at passers-by
It humiliates them with its beauty.

I put my sandals and flower dress
in the fish tank.
I am happy here in this bare room
with just your meadow flower
and the red mouth of a word.

VOPSEȘTE-ȚI SÂNGELE

Cum scade apa în lacul de beton, bărcile o parodie,
nici să te mai scufunzi nu poți, să culegi monede
strălucitoare
ca-n copilărie!
Nici o oglindă pentru îndrăgostiți doar viața uscată și
cochiliile goale. Unde-s melcii, stăpânii malurilor verzi?
Și trupul victorios cu apa șiroind între sânii fragezi?

M-am strecurat pe urmele mele din alt anotimp:
iarba-i mai crudă aici și aerul îmi doboară pletele moi;
nu seamănă ele cu algele din lacurile adevărate?
Fâlfâitul puternic ai berzelor deasupra ochilor triști
mă oprește o clipă. Să îndrăznesc mai departe?

Pașii nu se mai potrivesc în vechile urme,
a mai trecut o clipă, te-ai mai apropiat de pământ.
Și umbra ta ca lichenii lipită-i de pereții casei,
umbra care scade.

PAINT YOUR BLOOD

The way water drains from the concrete lake
not enough for boats, not enough to go underwater
to grab shining coins like when you were a child.
No lovers' mirror, just a dried-out life
and empty shells. Where are the snails, the lords of the green banks?
And the victorious body,
Water running between your fragile breasts?

I steal along the footprints I left in another season
the grass is new here, and the air overwhelms my wet hair
Doesn't it look like seaweed?
The flutter of storks over sad eyes
makes me pause. Dare I go further?

My feet no longer fit in my footprints
a moment has passed, and you have come closer to earth.
Your shadow, like lichen inside the house
your shadow failing.

PEISAJ CU POET

Cum dormi în orologiul albului turn,
o albină, ai spune, cu aripile prinse în rotițele de aur
                              ale înaltului crin.
Umbra ta măsoară viețile, jos, pe caldarâmul unde copiii
jucându-se îmbătrânesc.
Sau femeia păzind puștile unor luptători din alt secol;
ca o șopârlă raza îi lunecă pe chip
(când un vizitator mai urcă în turn)
Și mâinile ei, mâini luminoase și absente,
părăsite pe fusta neagră, neagră:
își iau zborul.

Va ninge curând.

SCENE WITH POET

The way you sleep in the blue tower clock
a bee, you would say, its wings stuck in the gold wheels of the lily.
Your shadow below measures lives, below
on the pavement where children
playing, grow old.
Or the curator of rifles
from warriors of another century,
light slides from her face like a lizard
(when another visitor climbs the tower)
Her hands
luminous and absent hands,
abandoned to her black, black dress
will take flight.

Snow, soon.

MICROGHID COSMIC

„În recentele săpături arheologice dintr-un sat
nu prea depărtat
s-au descoperit și oase de păsări mărunte:
vrăbii, presuri, potârnichi."

Cum arătau oare frânghierii sau meșterii de rețele
(ce cuvânt modern!)
pe când împleteau moartea în frânghii voluptuoase de
mătase?
Sau Petru Păsărarul ce cumpăra un 1680
patru funți de clei păsăresc, îndulcite capcane,
cu trei uncii de miere?

Luminărica peștelui s-a stins la ușa mea;
n-a udat-o nimeni cât am lipsit.
Și iată vântul mânios îmi smulge foaia de hârtie,
întrerupând acest poem.

COSMIC MICROGUIDE

"Recent archeological digs
in a nearby village
have uncovered the bones of tiny birds:
sparrows, buntings, partridge."

How did the ropemakers look, or those who wove nets
(what a modern word),
when they wove death with voluptuous cords of silk?

Or Peter the Bird Seller, who in 1680
bought four pounds of lime for sugared traps
for the price of three ounces of honey?

The blossom of the Candle Fish at my door has gone out;
no one kept the oil full while I was away.
Look—the wrathful wind has snatched up my paper
interrupting this poem.

FUGĂ PENTRU O ORGĂ PĂRĂSITĂ

Cântai primăvara la orga părăsită.
Învelite în ierburi sunetele abia vedeau lumina soarelui,
uneori plecai urechea spre pământ. Alte voci răspundeau,
mai înflorea câte un cireș în preajmă.
În ploaia adunată în câteva tuburi înotau peștișori aurii.
și sângele cum țâșnea în tonuri grave
speriind sălbăticiunile pădurii!

O singură lacrimă a fost de ajuns
să înece cântecul,
să spulbere cuiburile lăstunilor
din orga florală.

„Pământ de flori, pământ de flori",
strigă țăranul pe sub ferestrele înghețate.
Vocea lui acoperită deodată de un vuiet aromitor.

FUGUE FOR AN ABANDONED ORGAN

In Spring, you would play the abandoned organ.
The notes were so tightly wrapped with grass
they could barely find the sun.
Sometimes you turned your ear to the ground. Other voices responded,
another cherry tree blossomed nearby.
Golden fish swam in the rain that filled the pipes
and blood sprayed upwards, terrifying the beasts in the field.

One tear was enough
to drown the piece, to tear apart the nest
that martins made in the floral organ.

"Flower soil, flower soil"
shouts the farmer under frozen windows
his voice suddenly covered with a sweet-scented roar.

REVELAȚIE

Rețele verzi aceste zile, primăvară în sfârșit!
În ochiul atât de albastru o mierlă se zărește plângând.
Surâsul îmbogățit al zeiței după ploaie,
ucenicii sub măslini așteptând,
ca lacrima pâinea li se frânge la picioare.

Și orașu-i un morman de frunze fumegând...

Să primeșiti raza de soare drept în pupilă nu-i ușor,
să-ți mai arzi un trup umbrit.
Să ajungi la inimă!
Să mai zărești o dată caprele negre de pe culmi!

Și orasu-i o scară de mătase spre poienile verzi.

REVELATION

Green nests today, Spring at last!
A blackbird cries even in the bluest eye.
The widening smile of the goddess after a storm
disciples waiting under olive trees
their bread crumbles onto their legs like tears.

The city is a smoldering pile of leaves.

It is not easy to take a sunray directly into your eye
to burn your shadowy body
to let it reach your heart!
To see the black goats climb up the mountain!

The city is a silk stairway to green peaks.

DINTR-UN TABLOU CU ȚĂRMURI ÎNGHEȚATE

Dintr-un tablou cu țărmuri înghețate coboară îngerul la
masa noastră,
la masa noastră fără de bucate, cu fagurele sterp;
aici doar spaima ne mai ține trezi,și vinul.
Moartea a cules ultima brândușă de toamnă,
Sufletul scâncește trist.
Câțiva prieteni vorbesc de poezie, alții de colinele verzi
și pictorul care și-a pus capăt zilelor cu un lanț
(nu-i lanțul de păpădii și nici al amintirilor)

Un clarobscur e viața. Nimeni nu se sinchisește de noi
cei pierduți în nacela unui cuvânt, de noi preafericiții!

the angel descends
to our breadless table, to dry honeycombs.
Only fear keeps us awake
only terror and wine.
Death has taken the last crocus of autumn
The soul drops sparks of tears.
Some of our friends can speak of poetry
others just of green hills, and the painter
who ended his days with a chain
(not a daisy chain, or chain of memories)

Life is chiaroscuro. No one listens
to us, lost on the gondola of a word,
overwhelmed with our own happiness.

UMBRE

Gustul fricii pe limbă iute și rece.
Sau singurătatea măturătorilor la miezul nopții,
o metaforă zilnică.
Ce ascunde acest trup?
În lumina salcâmilor te-ai putea chiar, împrieteni cu el,
cămașa ți-e mai aproape însă de inimă.

Bătrânii joacă zaruri în camera vecină.
Ecoul plictisului îmi sparge timpanele. Iar ne-au uitat zeii
Glicina însă și-a făcut datoria: îmi zâmbește de pe zidul gol.

SHADOWS

The taste of fear dissolving on the quick, cold tongue.
Or the loneliness of midnight street sweepers,
a daily metaphor.
What does this body hide?
In the light of acacia trees, you could befriend it,
your shirt even closer to your heart.

Old men rattle dice next door.
The echoing boredom splits my eardrums. The gods have
                                    forgotten us again.
The wisteria, though, has done its duty:
it smiles at me from the white wall.

POEM CU GRIFON, ȘTIUCĂ ȘI PĂUNI

Ziua își mijește ochii
prin fereastra păzită de un grifon.
Citesc un poem. Plouă.
Mai știi cum plouă vara în munți?
Sau pocnetul ciupercii sub talpa goală
în iarba înrouată?

Sub clopotul de cristal o natură moartă cu banane cărnoase,
cireșe, lămâi și cuțitul de argint cumpărat într-un bazar,
pe când Bosforul scapără la picioarele celei iubite;
cu același cuțit despici acum știuca pe masa șubredă
din bucătărie.

Și pușca de vânătoare sprijinită de păunii împăiați
e un animal domestic gudurându-se pe lângă femeia
care cântărește perle.

POEM WITH GRIFFIN, PIKE AND PEACOCK

Day blinks
through the window guarded by a griffin.
I read a poem. Rain.
Do you remember how it rains in the mountains?
Or the pop of mushrooms under the arch of your foot
in dewy grass?

Under the bell jar, a moribund nature of meaty bananas,
cherries, lemons and a silver knife bought at a bazaar,
where the Bosphorus sparkled at your beloved's feet.
With that same knife you sit at a rickety kitchen table
and clean a pike.

The hunting rifle leaning against a stuffed peacock
is a tamed ferret, fawning over the woman
who weighs my pearls.

ÎN BURGUL DE ODINIOARĂ

În burgul de odinioară fratele meu domesticea duminici
și când nu mai putea, când nu mai putea, își ștergea
cu unghiile umbra de pe ziduri.
În burgul de odinioară eram reparatorul de ceasuri
și cel ce potrivea limba grea de fier pe firava oră
din turnuri.
Tu culegeai fragii de pe buza prăpastiei.

O vorbă și ne-am prăbușit.

IN THE TOWN THAT WAS

In the town that was, my brother tamed Sundays
and when he could no more, when he could no more,
he scraped his nails down shadows in the wall.
In the town that was I repaired the tower clock.
I pulled its iron hands through feeble hours.
You picked strawberries from the lips of the abyss.

A word, and we were falling.

URME

Metalica lumină a începutului de an, mi-ai spus,
pe când îmi priveai chipul de aproape.
În oglinzi scânteiau ramuri de brad, pădurea în care
am călcat prima zăpadă și toporișca cum mai sclipea
în mâna neînmănușată!
M-am întins pe trunchiul culcat pe pământ
îi simțeam oboseala și tăcerea.
Am început să-i număr anii;
până aici sunt 30, o fâșie de lemn dezvelită,
cu cercuri mărunte, șterse acum de ninsori.
Mi-am lipit obrazul de anii mei răcoroși,

Tu culegeai căline.
Pe peticul de zăpadă din jur, în tiparul bocancilor
sângerau câteva bobițe, o fărâmă de viață, tandră lumină!

TRACES

Metallic light of the new year, you told me
when you inspected my face.
Pine trees sparked in the mirror, the forest where
I walked through the first snowfall, and the hatchet
how it gleamed in my bare fist!
I stretched out along the tree lain on the ground
and felt its weariness and silence.
I began to count its years;
up to here, thirty, a bare patch in the wood
with small circles erased by the snow.
I pressed my cheek against its cool record of my years,

You picked the fruit of the snowball tree.
In this little patch of snow, in our boot-prints
a few berries bled
a crumb of life
a tender light!

FLUVIUL ASTRAL

De ce surâzi,
sânge bătrân, când iarna te ia prizonier?
De o parte viii, de cealaltă morții și între ei tu, surâs grațios,
îți știi meseria pe de rost.
În fluviul astral înoți liniștit, cu respirații lungi, egale
rostogolind grăuntele timpului.

Clinchetul cuvintelor în acest poem asemeni oaselor
                     fragede sub aripi
te asurzește, te amețește viața văzută de sus.
Meșterul aurar încearcă moneda în dinții lui
                     de sălbăticiune
tânără ce sfârtecă prada.
Metalul surd viețuiește încă.
La fel te vor încerca o dată zeii?

ASTRAL STREAM

Why do you smile
old blood, when winter holds you prisoner?
One side alive, the other dead, and between them you
with an elegant smile,
you know your job by heart.
In the astral stream swimming quietly, with long steady breaths
rolling in grains of time.

The words of this poem tap together like thin wing bones
they deafen you, they remind you how life looks from above.
The master goldsmith tests a coin between his teeth,
like a young beast mangles her prey.
The deaf coin lives on.
Will there come a time when the gods
test you the same way?

LILIANA URSU, poet, prose writer, translator, has published seventeen books in Romania & been translated twice previously into English. *Goldsmith Market* is the first to translate a complete book as it appeared in Romanian. Ursu produces radio programs for România culturală in Bucharest. She has received two Fulbright grants to teach at Penn State. Ursu has taught Creative Writing at the University of Louisville, KY and the University of Bucharest. She is the 2003 Poet-in-Residence at the Stadler Center for Poetry, Bucknell University.

SEAN COTTER has translated three books of Romanian poetry. He worked in Romania from 1994 to 1996 as a Peace Corps volunteer, and from 2001 to 2002 on a Fulbright-Hays research grant.